JN436459

애기봉 연가

시현실
시인선
0 1 2

애기봉 연가

박미림 시집

도서출판
예맥

자서自序

엄마 집 문갑을 정리하던 날,
오래된 엄마 증명사진을 발견했다
평생 남편, 자식들 뒷 바라지만 하셨던
현모양처 우리 엄마
나도 엄마를 닮고 싶었다
현모양처로 살고 싶었다
사진을 자세히 보니
나는 엄마를 닮지 않았다
현모양처로 살지 못한 진실이
뒤늦게 하나 밝혀졌다
그나마 엄마의 기도와 묵상으로
게으른 나는 이 정도라도 살고 있다
곱디고우셨던 엄마에게
그리고 나의 궁상과 잡초
세상 모든 기쁨과 슬픔에게
이 시집을 바친다

2021년 가을
배롱나무 그늘에서

| 차례 |

제 1 부

제2부

제 1 부

희망이발관*

싹둑!
손님!
절망이 잘려 나갔습니다

* 희망이발관: 김포시 하성면 하성 사거리에 소재한 이발관

행복이발관*

몇 달 만에 구도심 백년의 거리를 찾았다
화려하거나 멋스러운 것과는 거리가 먼 곳이지만
김포에서 잔뼈가 굵은 사람들이라면
추억을 들춰낼 수 있는 거리다

폐업한 가게
임대 중이라는 가게
마지막까지 흥정을 마다하지 않고
문을 열어둔 가게 건물 사이로
낯선 이발관 표시등이 생경하게 클로즈업된다

중년 신사 추억을 주렁주렁 달고 '행복이발관'
문을 열고 들어간다
이발을 마치고 문을 나설 때는 '행복'도
주렁주렁 달리는 이름값 하는 이발관이면 좋겠다

* 행복이발관: 김포시 북변동 구도심에 소재한 이발관

조강*의 서문序文

한강과 임진강이 만나는
곶에 왔습니다
물줄기는 눈을 감았다 떴다
익숙한 가을빛에 반짝입니다
고요가 느릿느릿 포구에서
순한 얼굴로 밝아옵니다
철책 둑방 너머 개풍군 조강리가
손에 잡힐 듯합니다
월곶면 조강리에서
토정 이지함李之菡선생을 기억합니다
한강 어구 나루터에서
별을 보고 물길 때를 기다립니다
'조강물참'*
조강에서 하나 되는 본능
기억하는

강, 참으로 평화롭고 환합니다

* 조강: 김포시 월곶면에 있는 조강(祖江)은 개풍군의 조강과 마주 보고 조응(照應)하는 강으로서 한강과 임진강과 함께 합류하여 한강하구 및 황해 앞쪽에 위치한 강.

* 조강물참: 조선시대에는 경상, 전라, 충청도 삼남 지방의 세곡과 물자를 실어나르던 배들이 한양으로 올라가기 위해 물때를 기다리며 잠시 쉬어가던 중요한 포구로 고려시대 문인 이규보가 조강 유역의 조수간만의 차이를 시로 지은「축일조석시」와 조선 중기 학자인 토정 이지함이 조수간만의 때를 측정하여「조강물참」을 남겼다.

문수산*에서 자문自問에 답하다

분가루 뿌려놓은 산등성
구석구석 핥아 주고 싶은 날

촉촉한 가지마다
욱신거린 상처 숭숭 뚫려있는
이곳은 새로운 유배지

왜 이곳에 있는지
의문이 사라질 때까지
모든 것을 닫아두고
잠시 하안거에 들어가야 한다

최대한 나를 낮춰 초연한 자세로
햇살을 맞이하여야 한다

햇살의 온기를 온전히
기다려야 하는 시간

움켜쥘 수 없는 여백 가득한
풍경화 한 폭이 경계를 만들기 전에
순한 짐승이 되어 하산해야 한다

* 문수산: 문수산(文殊山)은 경기도 김포시 월곶면 성동리 산 35-1번지에 있는 산으로, 해발 고도 376m이다. 김포시 내에서 가장 높은 산으로 조선시대 숙종(肅宗) 때 축성한 산성이 있는데, 1866년(고종 3) 병인양요 때 프랑스군이 이곳을 점령하였다고 한다. 문수산 자락, 산성 안으로는 문수사(文殊寺)가 세워져 있다.

문수산 산림욕장

몇만 년의 기억 뿌리내리는 곳
수목 향 배인 바람
쭈르르 달려가 손때 묻은 책 페이지 넘긴다
세상에 존재하는 한 권의 시집, 숲
첫발을 내디디면 목차가 있다
능선 어디쯤 멈춰야 할지
하늘과 얼마나 가까워야 할지
고민을 서두르게 하는 초입에서 사람들의
후각과 청각으로 말랑해질 때까지 입김을 불어 넣는다
채집한 바람의 향기는 구석구석 들어선
침엽수와 진한 시어詩語다 꽃과 풀은 책 속의 부호이다
나무와 꽃 사이 존재하는 경계는
오래된 경전이 놓인 자리처럼 경건하다
근엄하다
쪽, 쪽마다 각기 다른 사유와 은유로
알맞게 부화한 여백을 읽고 가는 사람들, 하나둘
층층 계단 간격을 두고 걸음 옮긴다
길 밖의 것들이 서로 끌어당긴다 뒤틀린 뿌리가
벌떡 일어나 또 다른 한 그루의 나무 이름을 갖는다
표제가 된 김포 문수산 산림욕장, 한 권의 책
슬며시 배낭 속으로 숲을 훔쳐 담는다
애교스러운 절도죄 허용되는 숲
그곳에서는 느림조차도 새치름 푸르다

애기봉* 연가

세월과 함께 녹슨 분단의 아픔이 서걱거린다

실향민의 마른기침 소리 낮게 드리우는 날이면
이 땅을 흔들어 깨우듯 군화 소리
와르르 쏟아져 내리는 환청이
철책을 사이에 두고 온 산하로 울려 퍼진다

일제히 부는 바람이 깊이를 잴 수 없는
그리움 심어 두고 떠난 자리에
수십 년 동안 피고 진 이름 없는 들꽃만이
남도 아닌 북도 아닌 모습으로
이 땅의 진정한 주인으로 뿌리를 내리고 있다

저 강을 건너
저 산을 넘으면
내 부모 형제, 창호지에 눈물 적시던
그때 그 모습으로 날 반겨주실까
우두커니 서서 서러운 잔영을 기억하는
이산의 아픔에 가슴 메인 이들이
숨 고르기 한 세월 너무도 길고 길구나!

보라! 철새들의 저 자유롭고 평화로운 항해와 날갯짓을

이제는 서서히 서로에게 훈습되어야 한다
평화와 자유를 위해 한 발자국 뒤로 물러선
화해와 용서로 삼천리 금수강산 곳곳에서
비상하는 이 땅의 주인으로
통일 염원하는 두 손 모아 하나 되어야 한다

154고지 애기봉에서는 어느새 훈풍이 불어대고 있다

* 애기봉: 애기봉(愛妓峰)은 경기도 김포시 월곶면 조강리와 하성면 가금리의 경계에 있는 산으로 한국전쟁 당시 남북이 서로 차지하기 위해 치열한 전투를 벌었던 곳으로이다. 애기봉은 기생의 이름인 애기에서 유래 되었으며, 애기와 평안감사의 이야기가 전해지고 있다.

포도의 배후

사계절 내내 겸손하게 포도밭 일군 농부는
몸의 중심이 기울어질 때면 자식들을 생각했다
나무가 옹이 질 때마다 농부의 손은 굵은 마디가 생겼다
주렁주렁 달린 송이는 말 많고 탈 많은 자식들이다
여문 자식,
덜 여문 자식,
너나 할 것 없이 제 몸 가지에 매단 채
농부의 땀을 과즙인 양 빨아댄다
쓴맛 단맛 마다하지 않고 쪽쪽,
부실한 허리 곧추세우는 날이 깊어질수록
탱탱하게 살 오르는 포도,
수확 철, 농부의 무릎관절에서는
녹슨 전지가위 소리가 난다
헐거워진 뼈마디가 무르익어가는 계절
자식들은 하나둘 단내 풍기며 분가分家 를 시작한다
그즈음에서야 달달하게 익어가는 사람들
숙성 잘 된 포도 향 넘쳐나는 9월,
김포는 보랏빛 풍요가 환하게 번지고 있다

들녘에서

수확을 기다리는 늦가을 수긋한 벼

단단하게 여문 노란 물결 바람에 출렁,
농부가 꾸부정한 허리를 편다

볏짚단이 차곡차곡 쌓여가자
알곡 가득 찬 자루가 담을 이룬다

들녘 가득 풍년이 부풀어 오른다

빚이 빛을 수혈하는 계절에
연체된 대출금 고지서를
추수 끝난 들녘에서 날려 보낸다

봄이다,
파릇한 경전이 펼쳐지는 윤회輪廻의 김포 들녘
환하게 다시 자라기 시작한다

농부가

눈 녹은 고래실에
다시 논물을 대고 물꼬 트는 새벽이다
논물이 찰랑, 트랙터 사이로 물길이 갈라진다
모판을 옮기는 아비의 거역할 수 없는 천직은
아버지와 아버지의 계보로부터 땅을 일궜다
모내기 끝낸 들판에 수만 갈래의 길이 만들어졌다
물길의 지문이 들녘 가득 풍요롭다
논물이 땅에 새겨지는 오늘
수평을 이룬 오롯한 초록 물결은
계절을 이양하고서야 벼꽃을 활짝 피웠다
바람은 동쪽으로도 불었고 서쪽으로도 불었다
늦가을 흐드러지게 핀 보름달
풍년이다 저 숭고한 자연의 섭리
김포 금쌀 한 톨 한 톨이 모여
식탁에 햇살 가득한 밥 한 공기 지어놓았다

김포, 사색에 젖다

1
백 년 시공時空 읽어 내려가는 새벽
만개한 달빛이 점멸하는 시간이다
갓 새순 드러낸 개나리꽃 그림자는
바람에 휘청, 기웃거린다
장릉산 노송 숲에서 머물던 소소리바람
덕포진* 손돌목에 이르러서야
살바람으로 끝났다
탯줄 자르는 오늘이 개벽이고 탄생인 날
굴뚝새 앉았던 망와 위로
아침 해 둥둥 환하게 밝아온다

2
48번 국도를 달린다
추수 끝난 들녘에 서리꽃 피었다
마을버스는 김포평야 곳곳에
우뚝 서 있는 아파트 단지를 돌고 돈다
나도 돈다
버스의 흔들거림에 이리저리 몸을 맡기며
빙글빙글 뱅글뱅글
하루를 시작하는 길에

하루를 마감하는 길에
이제는 사라진 평야
신도시 상가를 돌고 아파트 단지를 돌고
서리꽃이 지고 없다
이제는,

* 덕포진: 경기도 김포시 대곶면 신안리에 있는 조선시대의 진영. 이곳은 서울로 통하는 바닷길의 중요한 요충지로 돈대와 포대 및 파수청이 설치되어 있었다. 병인양요와 신미양요때, 이곳에서 각각 프랑스 함대와 미국함대에 맞서 싸웠다. 사적 정식 명칭은 '김포 덕포진' 이다

홍도평야* 블루스

보리밭사이로
바람이빨려들어간다
엉큼한햇살도쫓아들어간다
속내를들켜버린정분난것들이
흔들어대는엉덩이가
유독눈부시게반짝거린다
너른들판한귀퉁이에
초록과연두가품은연정
은근슬쩍껴안아본다
불륜을저지르고도뻔뻔한저낯짝좀봐!
부끄러운줄모르고빳빳하게얼굴쳐들고
부둥켜안으니얼마나뜨거울겨
곧들판이누렇게출렁이겠다
밀물과썰물이알싸하다

* 홍도평야: 경기도 김포시 사우동과 고촌읍 향산리 농경지 일대.

김포성당*에서

언덕을 오르자 둥근 아치형 문이
해 질 녘 노을을 끌어당기고 있다
한 무더기 분홍낮달맞이꽃 주변으로는
구겨진 바람이 꽃잎을 말며
졸음을 깨우고 있고
성모상 앞에서는 초 봉헌을 마친 노부부가
성호를 긋고 있는 온화한 날이다
부부의 다소곳한 동행은
김대건 신부 동상에 이르러서야 멈춰 선다
뾰족한 종탑의 해그림자가 금방이라도
겅중겅중 뛰어올 듯 낯설지 않은 풍경이다
십자가의 길을 알리는 이정표는
이미 저문 해가 다녀갔다
원죄는 결코 거부할 수 없는 죄인 것처럼
어두움은 아무리 안쪽으로 밀어두어도
밤을 배양하였다
달맞이꽃 위로 달이 살포시 내려앉은
석조 성당의 달빛이 한참이나
부표처럼 떠 있다가 돌아누웠다
밤의 안식은 그렇게 시작되었다
마지막 돌계단을 내려오고서야
고백성사를 하지 못한

나의 원죄에 대해 생각한다
죄가 자꾸 생각나 나도 모르게
이곳에서는 참회의 기도를 하게 된다
나의 안식은 그렇게 시작되었다

* 김포성당: 천주교 인천교구 김포성당은 경기도 김포시 북변동에 있는 성당이다. 성당 건물이 2013년 4월18일 대한민국 등록문화재 제542호로 지정되었다.

용화사* 주지 스님은요

봄바람 따라나선 길 용화사에 갔었네
앞마당 넓은 구옥을 리모델링한
주지 스님 내실에는 깊은 우물이 있었네
투명한 유리로 만든 우물 뚜껑은
형광등 불빛 아래에서 훤하게 속을
드러내 보였고 아직 살아 숨 쉬는
우물에 내 얼굴을 비추었지만
그 깊이는 알 수가 없었네
모든 것이 아름다운 풍경이 되는 곳에는
스님이 건네준 홍차에서
미니팬지꽃 내음이
진하게 우러나고 있었네
꽃꽂이는 살생이라던 주지 스님
야생화 꽃으로 내실을 가꾸고 계셨네
우물의 깊이는 알 수 없지만
스님의 그 깊은 마음은
스님의 눈동자에 있었네

* 용화사: 경기도 김포시 운양동 운양산에 자리한 대한불교조계종 직할사암이다. 김포8경의 하나로 꼽히는 이곳은 한강 하류에 접해 있어 철새도래지이기도 하다. 한강하루변에 남아 있는 유일한 전통사찰이다.

김포문화원, 시간을 채록하다

모담산 자락 한옥마을에 가면
고즈넉한 자태로 역사의 페이지를
재생하는 김포문화원이 있습니다

화합과 풍요의 도시에서
보존자, 전승자 되어 지역문화의 기록자로
100년을 바라보는 김포문화원 사람들이
울울창창 저마다의 터에서
획을 그으며 낙관을 찍고 있습니다

오롯하게 피어오르는 촘촘한 하루도
풀들의 선명한 저항도
고샅길의 오래된 문장도
이곳에서는 모든 것이
역사의 유언으로 기록되고 있습니다

김포우리병원에 대한 견해

우리라는 말이 좋아 찾게 되는 병원이 있다
병원 산책로를 걷다 보면 햇살 하나하나가
무심한 듯, 꽃들에게 촘촘히
박히는 것을 볼 수 있는 곳이다
병원을 찾는 이들의 아픔과 고통 절망은
우리 안에서 치유된다
의사와 간호사 환자 모두가
서로에게 잘 스며드는 관심과 사랑이
만개한 희망을 노래하고
화사한 웃음꽃 피워내는 곳이다
우리는 오늘도 우리라는 모든 우리 안에서
건강을 짓고 행복을 짓고
사랑을 나누며 병원을 나선다

우리에게는 우리라는 말이 좋아 찾게 되는
김포우리병원이 있다

모담마을 good

모담마을로 이사를 합니다

고층에서 김포 아트빌리지 한옥마을을 내려다보고
공연과 전시 야경을 볼 수 있는 곳으로
반려견 세 마리와 함께 이사를 합니다

모담산 주변 산책로를 아침저녁으로 걷는 것이
희망 사항이라고 일기장에 남겨봅니다

희망은 아무래도 시간이 좀 걸릴 것 같지만
퇴직을 앞둔 후년이면 이뤄질 거예요

공연과 전시를 시간에 쫓기지 않고
관람하는 내가 저만치 길을 걷고 있는
모습은 상상만으로도 행복합니다

김포 아트빌리지 경계로는 고층 아파트와 모담산이
선명한 모습으로 자리하고 있습니다

다양한 테마의 야경이 모여 모여 불빛 축제가
밤마다 열린다는 소문 따라 모담마을로 이사 왔다는
사람들 틈에 끼여 김포 아트빌리지 한옥마을을

천천히 음미하며 걷고 있습니다

이곳에서는 정자에 옹기종기 모여 앉아 있는 사람들마저
저마다의 꽃이 되어 꽃밭을 이룹니다
밀도 높은 바람이 풀들을 일으켜 세웁니다
계절마다 참으로 풍요로운 곳, 입니다

모담마을로 이사 잘했습니다

대명항*의 근황

파장을 준비하는 어판장에는 역류하는
비릿한 냄새가 먼바다로 출항을 준비하고 있다
파도는 행간을 나눠가며 썰물이 되어
갯벌을 채록하고 있고
떠돌이 개는 즐비한 어판장의 쓰레기통을 뒤지며
냄새의 발원지를 찾아 연신 킁킁대며
허기를 채우고 있다
출처를 알 수 없는 비닐봉지는
비릿한 냄새를 담아내지 못한 체벌로
쓰레기통으로 퇴출된다
익숙한 풍경을 낯설게 거둬들이는 시간
정박 중인 낡은 어선 갑판 위로 어슬렁거리는 어둠이
익어가자 횟집 간판이 하나둘 반짝인다
고양이 한 마리 좌판대 위에 아가미 쫙 벌린 생선을
노렸다는 듯 그제야 어둠 속에서 빛난다
반짝이는 것으로 인해 순간,
서해 바다 이마가 광채로 훤하다
어둠으로도 갯벌 냄새를 지울 수 없는 한 여름밤이
서해 바다의 안부를 물으며 무르익어가고 있다
그제야,
소금기 절인 바닷바람 함상공원 운봉함*에 승선한다

* 대명항: 김포시 대곶면 대명리에 위치한 어항이다. 대명포구로도 불리운다.

* 함상공원 운봉함: 수도권 최초로 조성된 함상공원(김포시 대곶면 대명항)에 재탄생된 퇴역 군함으로 62년 바다를 지키고, 2006년 12월 퇴역한 상륙함(LST)을 활용하여 다양한 볼거리와 체험을 할 수 있도록 조성되었다.

김포 장릉
– 인현왕후의 전언

해 뜨면서 질 때까지 양지바른 곳이라고
아들은 깊은 수면 중인 나를 깨워 이곳으로 이장시켰지
명당 값을 하는지 어머니의 품처럼 따뜻했어
아주 마음에 들어 이승에서의 모든 일 다 잊고
볕 잘 드는 능에서 온갖 자연의 소리
자장가 삼아 넋 놓고 잠들어 있는데
어느 날부터 들리는 괴 동물의 울음소리인지
마른하늘에 천둥 번개 소리인지
알 길 없는 소음 때문에 불면증이 생겼어

이곳으로 이장시킨 아들이 또 다른 명당을 찾아
나를 또 이장시켜 줄 것도 아닌 처지이니
이 또한 자장가 노랫소리려니 하고 사는 수밖에는
익숙해진 소음 그냥저냥 견뎌볼까 해
그래도 소음의 진원지가 궁금해서 두더지에게 물었더니
무슨 큰 비밀인 양 귓속말로
“내가 터줏대감 느티나무 가려운 곳 긁어주고 얻은 정보인데
사람들이 먼 거리를 오고 갈 때 타고 다니는
비행기라는 것이 하늘을 나는 소리래”

한 번도 본 적 없는 비행기 다니는 길이
내 안식이 내려다보이는 하늘길이라니
살짝 억울한 마음이 드는 건
한 번도 타보지 못해서일까?
너무 일찍 태어나 죽은 미련일까?
능 저 아래 어디쯤 보랏빛 꽃창포가 피었나 보다
노란 꽃도 피어 있다고 하는데
오늘같이 눈부셔 오는 날엔 얼마나 더 화사할까?
오가는 사람들이 능 밖에서 나누는 이야기 속에
내가 묻힌 이곳이 유네스코 세계유산으로 등재되었다고
비행기 소음을 피해 귀동냥으로 듣는 날이다

들리니?

* 장릉: 경기도 김포시 풍무동에 있는 장릉은 제16대 인조의 부모인 원종(1580~1619)과 인헌왕후(1578~1626) 구씨를 모신 능이다.

김포 북변오일장

장이 서는 날이면 북변 유료주차장 주차구역마다 만선을 꿈꾼 어부의 생선이 파킹되고 농민의 노랫가락이 푸성귀와 곡식이 되어 파킹되고 근로자의 땀과 눈물이 사이즈 다양한 신발과 각양각색의 옷이 되어 파킹되고 대출금과 소리 소문 없이 오르는 물가 감당하며 사는 사람들의 술과 음식 먹거리 가득한 주막이 파킹되고 아이들 군것질 어른들 군것질 가득한 부스도 파킹되고 없어서 못 판다는 것 빼고 다 있는 잡동사니 생활용품이 파킹되고 닭이 먼저냐 알이 먼저냐는 세기의 논쟁 주인공과 인간과 가장 친하다는 반려동물이 파킹되고 내 고향 어머니의 손맛을 빌려 만들어진 반찬이 파킹되고 붉거나 단단하거나 굵거나 달콤한 과일도 파킹되어 있다 구역마다 운전대와 조수석에 앉은 상인들과 차에 오른 승객들로 만석이다 서울에서, 일산에서, 먼 외지에서 오일장을 찾은 승객들은 서슴없이 정류장마다 오르내리며 흥정을 하고 결재하는 일을 주저하지 않는다 백화점이나 대형마트에서는 느낄 수 없는 운치 있는 풍경과 정이 있고 북적거리는 맛에 파장 시간마저 만석인 소통의 장, 김포 북변오일장은 오늘도 사람꽃이 풍성하다

김포평화누리길*

평화누리길 39킬로미터는 역사 유적을 품은 길이다

행간을 지날 때마다 이정표가 되어주는 리본이
긴 부리를 내밀며 발걸음 인도하는 평화누리길

코스마다 철책 길과 조망 좋은 능선과
일몰의 빛이 이끄는 대로 발길 옮기게 되는 곳
450년 된 느티나무의 고달픈 세월과 평화가 공존하는 길
늙은 새 한 마리도 의미 없게는 날아다니지 않는 하늘
이곳에서는 진실도 오해도 다 의미가 있다

배회하며 무작정 걷는 것 같지만
따숩고 맑은 하늘 아래에서
오감을 총동원해 둘레길 걷게 되는 곳
강으로 강으로 이어진 유물을 찾아
덴바람도 기꺼이 맞이하게 되는 평화누리길

* 김포평화누리길: 평화누리길 1코스 염하강철책길. 평화누리길 2코스 조강철책길. 평화누리길 3코스 한강철책길로 39km 코스이다.

가현산에서 새해를 탐하다

저 붉디붉은
탱탱한 꽃
새날
새 희망
과녁을 향해
화살을 날린다
명중이다
빛이 공평하게
김포 곳곳 고루 쏟아진다
이목구비 또렷한
김포 땅이
선명하게 떠오른다
반듯하게,
차분하게
용트림 시작한다
파랗고
맑은 하늘이
가현산
정상에서
힘차게 펄럭인다

전류리포구*를 찾아서

바람 불지 않는
포구의 수면水面이
아기의 낮잠처럼
새근새근 잔잔한 오후
후평리 철새도래지에서
하류를 향한 걸음이 멈춰 선 곳

철책선 너머
기수역*에는
하차하는 사람도
승차하는 사람도 없는
포구의 배가
정박해 있다
붉은 깃발은
일몰을 배경으로
뭍으로의
또 다른 출항을 준비하고
포구의 하늘에서
유영하던 갈매기는
뱃길 따라
뭍으로의 귀환을 서두른다

지난겨울
얼어붙은 강으로
낮게 흐르던 봄기운 위로
유빙이
기수역에 잠시 머물렀었다

* 전류리포구: 김포시 하성면 전류리 54-4 에 위치한 한강하구의 유일한 포구이며 최북단 어장. 해수와 담수가 혼합되어 형성되는 기수역으로 사철 다양한 어종이 낚인다.

* 기수역: 강어귀와 같이 민물과 바닷물이 서로 섞이는 구역.

전호리 습지* 말똥게는요

나 그냥 여기서 살래요
비록 말똥 냄새나는 몸이지만
내 집은 여기 전호리 습지예요
나 그냥 여기 살래요
당신들보다 먼저 터 잡고
당신들보다 먼저 재두루미 다녀간 것을 알고
당신들 피해 밤이면 뛰어다니는 고라니
뜀박질 소리 먼저 듣고 있는 나예요
그런데 이곳이 곧 거대한 굴착기에 의해
내가 살아갈 습지가 사라지고
콘크리트로 채워진다네요
난 이사 갈 곳이 없어요
원주민인 내게는 왜 허락도 없이
습지를 없애고 내 친구들마저 떠나게
개발을 하는지 말해줄래요
말똥 냄새가 문제인가요?
내게는 당신들 냄새가 더 역겨운데
서로의 냄새 서로의 영역
존중하며 공존하는 김포 고촌읍 전호리 습지
내가 사는 곳이라면 좋겠는데
당신들 생각은 나와 같지 않나 봐요?
날 지켜줘요

비록 냄새나고 볼품없지만
지켜주면 후회하지 않을 거예요
날 자세히 보아요
김포의 미래가 보이지 않나요?

* 전호리 습지: 김포시 고촌읍 전호리 한강하구로 이동하는 철새들의 중간기착지이다. 멸종위기 붉은발말똥게, 삵, 고라니, 너구리등 수많은 생물이 습지에 살고 있는 곳이다.

김포 공원묘지 183
– 한하운시인을 추모하며

가난한 나는,
김포 공원묘지 183 유택 앞에 서 있다
너무 가난해서 시를 못 쓰고 있다고
하소연하다 막 피어나기 시작한
진달래를 위한 시를 쓴다
천형으로 별이 된,
시인을 위해서도 쓴다
날아가던 새 한 마리
비석 위에 영역 표시해 두고 갔다
쓰윽 문질러보니 젖은 바람 다녀갔는지
흔적 가볍게 지워졌다
상처도 쓰윽 문질러 아물 수 있기를
수많은 날 기도하였을 시인이
숭숭 뚫린 봉분이 춥다 하신다
"춥다 하시니 무덤에 때 입혀야겠네"
일행 중 한 사람 잡초 뽑으며 중얼거린다
살아서나 죽어서나 참 추운 당신
붉게 물든 얼굴,
석양 탓이라고 말하는 사람들 곁으로
꽃샘추위 귓불을 당긴다

한하운시인길

김포공원묘지 승가로 58번길
명예 도로 한하운시인길
때 이른 잠자리 흥겹게 날아
피안의 길을 인도한다
하운 노랫소리 서럽게 스러진다
가늘고 긴 바람이 이정표에 잠시 쉬어간다
천형天刑보다 더 아픈 고문의
병고, 길고 길었을 상처를 생각하니
바람 앞에서 숙연해진다
말갛게 가라앉혀 놓은 듯한 하늘을
한참을 올려다보다 노을이 쏟아지기 전
비문을 바라본다
김포공원묘지 183
반쯤 누운 해그림자
천천히 발길 재촉하는 시인의 길

중봉 조헌 선생 1
– 5월의 격문

개미가 돌계단에서 금을 긋고 있다
세상의 이치는 변하지 않는다

획의 곡선을 통과하기 전에 독작獨酌하였을, 그대
낮은 호롱불 마주하고
음각 양각 문양文樣 달빛 창백한 밤에
낙관을 찍는, 그날 밤

몸살 오른 여린 꽃망울들
개화를 늦추며 혁명을 기다리고 있었으리라
하지만 그래도 피어야 한다

울새 한 마리
아침저녁으로 비문에 앉았다가 용마루를 향해 푸드덕, 이내
땅 밟는 소리
길마다 좌표를 만든 흔적 어디서나 꽃잎
붉은 깃발이다

나부끼는
의병의 피다

오늘은 그분들의 숭고한 이야기를 들어야 한다
게워내듯 들춰야 하는 역사
승전고 울리며 돌아오는 해진 갑옷
두두두
지축을 두들기는 말발굽
살아있음이다, 그대들 뜨거운 피의 혈채를 받아야 한다
마땅히

늙은 소나무 짐짓
반역反逆의 후손들을 내려다보고 있다
두 눈 퍼렇게

중봉 조헌 선생 2

– 중봉선생 동상 앞에서

종일 태풍이 우는 소리를 들었다
먼 길 묻고 되묻던 바람은
조각조각 산화된 그들, 꽃의 거름이 된 영혼을
제 몸 깊이 기억하려 하는지
땅 밑에서부터 불고 있다
오래된 화석의 끄트머리를 스쳐 지나가는
우직한 빗방울들
그들이 비문에 닿았다 흩어진다
소란스러운 하루가 저물 무렵
풀잎을 쓰다듬는 빗물 표면에 투영되는 오롯한 글자
충의忠義
돌에 박혀있는 그들의 이야기를 듣는다
한 걸음, 글자 사이를 옮겨 다니는
못다 한 의병의 이야기들
걸음 옮길 적마다 천둥 같은 함성, 솟구치는 기개가
꽃으로 피어나 산하를 수놓는다
오래 묵은 역사가 이 시대를 올곧게 일깨운다
그의 정신이 비 그친 하늘과 땅 사이
풀잎을 돋게 한다 어린잎들을 자라게 한다
전해 내려온 그 기상의 내력이 묻은 바람의 옷자락을
여미어 보는 날,
비에 씻긴 달 휘영청 환하다

중봉 조헌 선생 3
– 우저서원에서

가칠 단청 붉은 기둥, 아지랑이 갸웃거리는 4월의 비문碑文 읽어갈 때 연꽃 문양 꽃대 세운 위엄 외삼문 지나온 마른 바람 내삼문 뒤란으로 숨어든다 사당 옆 가을 단풍 떨어진 자리에 냉이꽃 피었다 유허 추모비 담장 밖으로 노거수 어깨 타고 내리는 햇빛 피둥피둥 살 오른 봄 햇살이 여택당 그늘 행간으로 쓰러진다 수천 년 백발 바람 품고 다녔을 낮달 숨어든 계절이 저리 환했나, 싫은 선생의 우국충정 선비정신에 노을빛 어느새 추념의 마음으로 비문을 읽고 간다 합장하고 떠난 사람들 문설주 밖으로 예고 없는 소나기 내린다 칠 백 의병 응집된 넋 깨울 듯, 책 읽는 소리 서원 그림자 밟고 반역反逆의 후손들 분주한 걸음 소리 귀동냥한다 이리저리 돌멩이 차대며 걸어가는 풍경 너머 노을이 붉다

제2부

연분홍치마 흩날리는 봄이 오면

너무 젊은 날 찍은 영정사진 보기 흉하다며
사진관 다시 가시겠다는 엄마
팽팽한 얼굴, 주름 하나 보이지 않아 좋은데
굴곡진 세월 사라진 액자 속 당신이 싫으신가 보다
마음씨 좋은 사진관 아저씨
엄마 주름 포토샵으로 펴 주신 수고는
이미 지불 다 했는데 주름 없는 당신 모습이
마음에 들지 않다시며
애창곡 노래를 흥얼거리신다
'연분홍 치마가 봄바람에 휘날리더라'
액자 가득 수줍은 과꽃은 활짝 피어있는데
겨울 햇살이 반짝일 때마다
울컥울컥 눈가에 주름이 꿈틀거린다
과꽃이 번져오는 저녁이 오면
당신의 봄은 다시 돌아올 수 없다는 것을
사진에 다시 담으시겠지
점점 흐릿한 기억 희미해져 갈 때까지

연분홍치마 흩날리는 봄이 오면

장미꽃 엄마 팬티

빨래 바구니 안에 빨간 장미꽃잎처럼 접힌 엄마 팬티가 보인다 통풍 잘 되는 넉넉한 사이즈 팬티가 필요하다 해서 작년 이맘때 부식거리와 함께 보내드린 몇 장의 꽃 팬티 중 하나다 나는 생전 처음 엄마 팬티를 조물조물 빨고 있다 장미꽃 수놓아진 팬티에서는 엄마가 좋아하는 장미 향이 났다 빨랫줄에 덩굴장미가 흐드러지게 피었다

2021년 여름, 엄마의 속내

아버지 먼저 가신 파란 대문 집에 홀로 계시는 엄마, 자식들에게 부담 주기 싫다시며 오늘도 찬바람 나면 요양병원 가시겠다고 잔소리인지, 넋두리인지, 협박인지 안부 전화하는 자식들에게 돌아가면서 말씀하시느라 입이 아프시다 치매도 아닌 분을 어떻게 요양병원 보내드리냐는 자식들과 실랑이가 몇 개월째, 근거리에 사는 언니는 입퇴원 반복하면서 드시는 것까지 예민해진 엄마를 위해 날마다 반찬과 몸에 좋다는 온갖 것을 문지방 닳도록 해다 드리고 있다 여러 가지로 불편한 단독 주택보다는 아파트로 모시겠다고 해도 엄마는 요지부동이다 당신 손과 발이 되어준 딸이 더 힘들까 싶어 딸 집 대신 요양병원을 향하는 당신 마음, 외면한 자식들은 딸 집으로는 왜 안 오시냐는 답답한 말 만하고 있다 당신 손때 묻은 세간살이와 꼬부랑 할머니가 되어버린 당신 키 웃도는 마당에 잡초와 무성한 잡초 사이사이 간간이 얼굴 내민 방울토마토, 가지, 고추, 호박과 치매 앓다 가신 아버지와의 세월마저도 이제 다 이별하고 정리하고 싶으신가 보다 당신이 하루빨리 집을 떠나야 당신 살던 터 앞집 뒷집처럼 현대식 양옥집 잘 지어 자식들 옹기종기 모여 살기 바라시는 걸까? 8월 한낮 당신의 속내 알 길 없는데 하늘은 가을 하늘처럼 높고 푸르기만 하다 엄마의 속내가 보일 듯, 말 듯,

파란 대문 집

얼기설기 대충 놓인 육각형 붉은 보도블록
듬성듬성 놓인 파란 대문 집 마당에는
몇 개월 사이에 온갖 풀들이 세력 확장 중이다
주인 허락 없이 대문 오고 가는 참새들만 자유롭다
분주히 오가던 참새 인기척에
철제 대문 봉 위로 조르르 날아오른다
몇 마리는 낡은 빨랫줄에 앉았다
빨랫줄은 어설프게 잘려 나간 고목에 묶여있다
몇 해 전 아버지가 딸년을 알아보던 그해
고목으로 쉼표를 찍은 라일락나무를
베어버리라는 엄마의 오랜 잔소리를
식탁 위로 쏟아지는 알약들을 받아 들고서야
아버지는 마당 한가운데 있던 고목을 베어버렸다
당신 기억 사라지기 전 고목나무 존재를
정리하는 것으로 엄마에게 미안한 마음
퉁치려 하신 걸까?
몇 개월 못 버티고 엄마의 존재마저도 잊으셨다
이제는 엄마가 알약 한가득 챙겨 드신다
주인 손길이 그립지 않다는 듯 마당에 풀들만
바람에 수선스러운 오후
처마 밑에 빗물 받아둔 함지박 물을
새끼 고양이 세 마리가 마실 와서
강물 소리를 내며 맛있게 먹고 있다

가면의 가면

안녕!

오늘은 화장이 잘 되었는지 거울을 보지 않기로 해
창에 비치는 나를 응시하는 멍때리는 일도 하지 않기로 해
핸드폰 액정 화면을 들여다보는 어설픈 시간 낭비하지 않기로 해
잠이 오지 않는 이유는 나이 탓이라고 변명하지 않기로 해
원형탈모 감출 부분 가발 사이트 검색 않기로 해
조금 먹는데 살이 찌는 이유는 나잇살 때문이라고 변명하지 않기로 해
못생긴 손톱 네일 아트로 감추지 않기로 해
짝퉁 명품 가방 들고 출근하지 않기로 해
153cm 키 156cm로 보이기 위해 굽 있는 신발 신지 않기로 해
울퉁불퉁 몸매 감추기 위해 보정 속옷 입지 않기로 해
가면의 가면이 더 뻔뻔해지기 전에

반성

내 아이들의 엄마인 것을 반성하고
내 부모의 딸인 것을 반성하고
주변인들 가슴을 아프게 한 그 어느 날
죄지음을 반성하고
사랑할 이유가 또 있음에 반성하고
그 사랑 때문에 지금 누군가가
가슴 부여잡고 있음에 반성하고
아직 잠들지 못한 내 영혼이
깨어 있음을 반성하고
반성해야 할 것이 너무 많음에 반성하고
여전히 가난한 내 살림살이를 배곯게 하는
나의 무능력을 반성하며 기도한다
두 번 다시는 같은 반성 하지 않게,
나의 반성은 이쯤에서 배곯지 않게 해달라고

히키코모리*

단힘과 열림이 반복되지 않는 골방에서 잡념을 읽고 싶은 여자가, 고양이가 갖고 놀던 박음질 어설픈 인형 눈알을 뽑고 있다 눈동자 없는 눈알은 온통 까맣다 외출이 필요 없는 그녀에게 있어 낮은 밤이고 밤은 낮이다 진지한 말들이 기웃거리는 밤이 되면 책상에 놓인 그녀의 습작 노트에는 기호학으로 가득 찬 암호와 습작 몇 줄이 콜라보를 이룬다 구석에 놓인 캐리어, 첫눈이 푹푹 내리는 밤에도 지퍼는 열리지 않았다 그녀에게 캐리어는 소품에 불과하다 떠날 수 없다는 것을 알고 있다 결국 헝클어진 머리카락을 손가락으로 빗질을 하다가 어둑어둑 저문 고립감을 쓸어모은다 결코 가벼울 수 없는 무게다 들숨 날숨은 밤낮으로 옹알거린다 반듯하게 누워 옹알거리는 언어에 대해 생각한다 지정석에 앉아 오늘처럼 한 끼를 해결하고 골방에서 골방으로 승차한다 멀미가 인다 멀미약을 받아 든 하루가 너무 길다 암막 커튼 사이로 끔찍한 햇빛이 부서지고 있다 익숙하지 않은 바람의 심장이 찌릿찌릿 경고음을 낸다 속내를 알 수 없는 사람들이 사정거리 안에 들면 싱크홀 속으로 영원히 잠적해 버릴 것이라고 그녀는 속삭인다 문을 열고 나가야 할지 말아야 할지, 집 나간 고양이 대신 여자는 집에 남기로 한다

* 히키코모리: 사회생활을 거부하고 장기간 집 안에만 틀어박혀 있는 사람이나 그 상태를 일컫는 말.

묵상

창문 틈으로 빗방울이 물결을 이루네
물 위로 물의 음표들이 떠오르네
음표들이 주파수를 던질 때마다
물의 지문 물결이 보이네
그 물결에 내 지문을 덧대어
물의 표정을 읽네
슬픔을 휘젓기도 하고
절정을 향해 휘돌기도 하네

검지로 성수* 꾹 찍어 성호*를 긋고 싶은 밤

* 성호(聖號): 신자가 기도를 하거나 제의에 참여하거나 할 때 자신의 신앙 고백을 목적으로 손으로 긋는 +표.

* 성수(聖水): 카톨릭교회에서 축성하여 교회, 가정, 봉헌물을 축복하기 위해 사용하는 특별한 물.

우울증이야

누구도 날 반기지 않아 그렇다고 속물로는 살고 싶지 않아 파리한 하루가 대책 없이 또 시작되었어 예고된 비 소식을 듣고도 창틀에 쌓인 먼지 물티슈로 닦으며 배회를 하고 있어 언제쯤 일기예보는 적중할까 기상 캐스터가 삼킨 말들이 금방이라도 통 창문 절벽을 타고 하강을 위한 하강을 할 듯해 그렇다고 따라서 하강하는 일은 만들지 않을 거야 집에서 제일 큰 우산을 찾는 일 또한 없을 거야 아무 일 없다는 듯 늘 마시던 컵에 봉지 커피를 넣고 82°C 뜨거운 물을 부을 거야 그리고 천천히 물이 구부러져 가는 소리를 들으며 물결의 움직임을 감각으로 느껴보려 해 출렁일 때마다 정체를 드러낸다면 좋겠지 그때를 놓치지 않고 누군가의 이름을 호명할 수 있으면 좋겠어 그래야 내가 더 긴 호흡을 유지하며 밥을 지을 수 있을 테니까 압력밥솥은 칙칙폭폭 기차놀이로 발성 연습 중이야 연습이 끝나면 밥상을 차려야 해 천천히 설거지를 마친 후 식탁에 다시 앉아 배 깔고 누워있는 반려견 이름을 불러가며 아무 말이나 건네야지 혼자서 중얼중얼 요란한 수다, 조동아리들이 그립다

산책 유감

팽나무 그늘에 앉아 오래도록 가지 사이사이
구름을 조각낸 하늘을 바라보았다
산들바람은 등에서 불어오고
가슴에서는 소슬바람이 불어 대고,
촘촘하게 쏟아져 내리는 햇살만 따뜻하다
수노랑나비 한 마리가
한껏 옷매무새를 가다듬는다
더듬이를 이고 날아오른다
오랜 풍화를 견딘 숲길,
저마다 가진 적요는 안중에 없다는 듯
햇빛을 느릿느릿 지워가고 있는 그림자들
따뜻한 것을 지운다는 것은
슬픈 기억으로 남을 일,,

-온전히 따뜻한 날 있기는 있었던가?-

흐드러지게 핀 질문, 자문으로 돌아온다
산책길 곳곳을 채록한 목록에
내 이름 세 글자 새겨두고
영역을 벗어날 때
해가 떨어지고 있다, 가볍게

내 그림자를 지우는데
그리 오래 걸리지 않는다는 것을 알았다

그림자

가면을 벗어!
이미 검은 속내 다 들켰잖아
육십 평생 함께 꼬부라지고
함께 쪼그라들고
함께 휘청거려보았을 텐데
인정하고 싶지는 않겠지만
너는 나의 실체 없는 이인자일 뿐이야
너는 평생 내 그늘에서
나의 섬세하고
둔탁한 움직임
흉내만 내다 비밀스러운 표정으로 죽을 거야

형광등의 배경

필라멘트 전극은 납작 엎드려 있고
나는 점멸을 위한 가시광선을 전송하고
사람들은 어두우면
어두운 대로 밝으면 밝은 대로
졸린 눈을 떴다 감았다

평생 물끄러미 내려다보는 것이 일상인데
요즘은 호흡이 가빠지고 있어
나이 들수록 뼈가 녹아내려
키가 작아진다는 사람들처럼
내게도 단단히 무언가
잘못되어 가고 있는 것 같아
속내를 감추지 못하고
휑한 정수리 드러내는 사람들
엿보는 즐거움도
이제는 실실 지겨워지기 시작해

사람들 세계에서는
그것을 관음증이라고 하던데
애초에 우아하게 늙어가기는 그른 것 같아
새어나가는 불빛을
수습하면서 사는 세월은

평생 내가 감당해야 할
지옥이었다고 하면 한없이 슬플 것 같아
깜박깜박, 껌벅껌벅
검게 그을린 내 몸에
마지막 지문을 남길 당신은 누구?

2642

정맥 인식기 버튼 또박또박 누른 후
손목 인증 성공되었다는
메시지 떠야 출근이 인정됩니다
근무하는 내내 흙을 가지고 놀다
온갖 장비의 손을 빌려
화학성분을 측정 후
시비처방서를 발급하는 일이
나의 일이자 직업입니다
하루 업무를 마친 후 다시
정맥인식기 앞에 손목 내밀어
확인 인증받아야 퇴근길이 가볍습니다
2642
잔고 없는 통장 비밀번호보다
더 친숙한 숫자입니다
나의 인증 번호입니다

토양채취법에 대한 이해

토양분석 의뢰 들어온 농가에서 삽질을 한다
한 삽 한 삽 땅의 거죽 떠올릴 때마다 단면 드러낸 지층
토양의 아가미가 벌름거린다
질펀한 토양의 옹알이를 그늘에 펼쳐놓고
나마스테 자세로 토양에 새겨진 지문 따라 걷는다
걸음 멈춰진 자리마다 씨앗이 중심을 잡고 들어앉는다
풍요는 허공을 장악해야 결실을 맺는 것,
허공에서 자란 결실은 빛을 복사하며
서로가 서로에게 보시로 나눔을 실천한다
더 푸르게 붉어진다
더는 붉어질 것이 없을 때면
다시, 땅으로의 귀화를 서두르는
저, 오랜 자연의 섭리
스캔을 끝낸 흙의 족적을 흙토람에 기록하고 나서야
발급되는 시비처방서,
민원인 여러분 참고가 되셨으면 합니다
흙이 아닌, 토양입니다
시간이 기록되고 보존된 흙의 지문, 토양입니다.

깨, 볶다

휴가 마지막 날 큰딸 내외와 맛집을 찾았다

정갈한 밑반찬과 비리지 않은 보리굴비
가시를 발라주고 챙겨주고 밉지 않게 눈꼴시다

나는 간간이 실없는 추임새로 장단을 맞추며
우리, 가족의 무리에 합류한다

집을 나서기 전 페트병에 담아둔 깨를 씻어
물기를 빼기 위해 채반에 두고 왔다

나도 어서 집에 가서 깨나 볶아야겠다

밤

밤이 밤을 까는 밤
차례상에 올리기 위해 밤을 깐다
밤의 바깥을 까면서
밤의 안부를 묻는다
천둥번개 치는 밤이다
밤이 하나씩 속을 드러내고 있다
밤의 알몸이 밤에게 발각되는 밤이다
이 밤도
저 밤도 웅크리는 밤
나는 다람쥐처럼 앉아
밤 하나 입 안에 넣고 우물우물
밤 따라가고 있다

쓸모없는 것에 대하여

그녀에게는 어떤 위로도 통하지 않았다

식탁 위 아무렇게나 놓인 그릇만이
그녀의 손길이 닿을 뿐,
한때 어깨의 무게가 쏠리는 방향에 대해
고민한 적 있었다

무게 중심이 바닥과 가까워질수록
깊어가는 고민은 늘 그녀의 몫이었다
낯선 곳은 언제나 그늘졌고 다른 방식으로
사는 사람들이 길을 건널 때마다 웃던 치아,
유난히 빛나 보이던 그 잠깐의 찬란함을
그녀는 잊을 수 없다

횡단보도 앞에서 사람들은 떠났다
그들이 아웃사이더인지
그녀가 아웃사이더인지
한계점은 끝이 없었기에 중요하지 않았다
무리와 고독의 교집합은 늘 존재하므로

두려움을 견디기 위해 숫자를 세었다
하나. 둘. 셋

궤도 이탈하지 않으려고
마모된 하루 꼬옥 붙들고
식탁 위에 놓인 그릇을 정리한다

낙화

압화 ??
아파 ?!

버짐꽃의 전주곡

하얀 꽃잎들, 피운다

꽃 가득하다, 피었다

상처가 흔적으로 낙화할 때

비로소 허물이 된 꽃,

마른 꽃잎이

민들레 홀씨처럼 하르르 흩날린다

나팔꽃

아침마다 기상나팔 불어대는 악사樂士에게
오늘만큼은 문고리 걸어 잠가두고
조금만 더 자고 싶다고 떼쓰고 싶다
밀잠자리 부전나비 마실 오기 전까지

찬밥의 에필로그

구석진 자리에 며칠째 들어앉아 있는데
아무도 날 거들떠보지 않아
갈수록 싸늘해지는 내 존재
누구도 거둘 생각을 하지 않는 것 같아
다들 무슨 생각을 하고 사는 걸까
잠시 냉장고 문 열리면
나를 기억할까!
나를 찾아줄까?
문이 열릴 때마다 희망을 수혈받지만
누적된 체온은 한계점에 도달한 것 같아
나와 눈도 마주치기 전에
냉장고 초입에 놓인 요플레 하나만 빠져나갈 뿐

너도 한 번 찬밥 되어봐!

싸늘해지는 너 자신을 느껴봐!

마늘을 까면서 친구의 마음을 읽다

예고도 없이 친구가 마늘을 보내왔다
명절이면 고기를 부위별로 담은
선물을 보내오는 친구다
퍽퍽하게 사는 것이 이례적인 일상인데도
그 친구는,
못난 친구의 빈손마저도 마다하지 않고
글을 쓰던 손가락으로
택배를 보내기 위해
주소를 적고 택배비를 지불한다
얼굴 안 본 지 몇 해가 흘렀다
빨간 그물망 한 자루에 담긴
마늘을 고무대야에 쏟아붓는다
세상 무게 덜어놓고 살으라는 듯
마늘 껍질,
선풍기 바람 앞에서 풀풀 날린다

반려견을 위하여

사료를 주문한다
패드를 주문한다
간식을 주문한다
가끔은 장난감도 보너스로 주문한다
출근하면서는
사료에 즐겨 먹는 간식 덤으로 섞어주고
퇴근해서는
닭가슴살 덤으로 섞어준다
함께 살기 위해 예방접종과 미용
산책은 필수 코스이다
배를 깔고 주욱 뻗은 녀석도
모로 길게 누운 녀석도
밥 주는 주인에게만큼은
집착에 가까운 충성심을 보인다
그런 반려견이 사랑스러워
쉬는 날이면 쉴 새 없이 이름을 불러준다
눈이 마주칠 때마다,
괜한 장난기 발동할 때마다
심통 부려 엉뚱한 곳에 배설할 때는
따따블로 불러준다
서로 건강하게 잘 살다가 가자고
수시로 주문呪文한다

유치한 변주곡

6월이면 생기다 만 개복숭아를 만나기도 하고
밤꽃 향기 냄새를 맡기도 하네
이맘때도 그전에도 고만고만한 것들이
수줍은 듯 붉게 익어가는 것을 보네
아직도 내가 살아 있는 이유는
꽃을 피워 열매 맺은 붉은 심장 때문이라네
사랑은 슬프게도 끝났지만
가끔 기억은 검열하듯 쿡쿡 찔러대네
해마다 개복숭아는 잎 사이로 상처
뙤약볕에 내놓고
다시 한번 사랑을 꿈꾸기도 하네
그런 날은 유독 밤꽃 향기 진하게 오네
외로움도 이제 해산할 때가 되었나 보네
곧 익숙한 가을이 천천히 걸어오겠네
아무 일 없었다는 듯이

바퀴의 기억

출발합니다
온몸을 구릅니다
오만이 가득한 페달을 밟자
철그렁 철그렁 편견의 무게만큼 소리도 요란합니다
몸의 일부가 자꾸 앞으로 쏠립니다
중심을 다시 잡고 둥글게 도는 일에 전념합니다
시간은 점점 돌돌 말려갑니다
하릴없이 미끄러져 가는 것은 아닌지
아득한 뒤를 돌아봅니다
그 끝에 해가 기울기 시작하자 햇살이 더 붉어집니다
그제야 별을 찾아 나섭니다
칭얼거리는 바람이 아슴아슴 젖어올 무렵
평상에 앉아 멍때리기에 돌입합니다
둘러앉은 모든 것들이 모여 침묵을 이룹니다
전속력으로 페달을 다시 밟아봅니다
물렁뼈가 굴렁 굴렁 온몸에서 굴러댑니다
비포장도로에 놓인 바리케이드 앞에 이르러서야
빼곡히 들어차 있는 오랜 오만과 편견의
고삐를 슬며시 놓습니다

함박눈

1
무릎까지 숨이 찬 부츠를 신고
아이는 눈길을 밟는다
경비아저씨는 빗질하며 아이를 뒤따른다
발자국 포개졌던 길이
하나씩 흔적을 지워가고 있다
슬몃 얼굴 드러낸 회색빛 보도블록 위로
한낮의 빛이 속도를 내가며
그늘을 앞질러 가고 있다
술렁이며 종일 눈발 날리던 날이
눈금을 넘어서 기억 속으로
눈처럼 사라졌다

2
순한 것들이 얌전하기도 하다
얌전한 것들은 착하게 내리고 있다
차곡차곡 쌓인 눈이
쌀 카스텔라 빵처럼 부풀어 오른다
딱 한 입만 베어 먹고
부스러기 쓸어 모아 고명으로
솔솔 뿌려도 좋겠다

겨울이면 역으로 모여드는 노숙인들에게
겨우내 착한 한끼 식량 되면 좋겠다
춥고 배고픈 이들은 누구나 받아먹을 수 있는
복지정책 하늘에서 먼저 실천하고 있다

상관관계

빛이 쏟아지는 날이면 남자의 노출된 몸
이곳저곳에 태양이 쪼아댄 문신이 붉다

긴 장마에 시큰거리는 무릎은
파스 덕지덕지 붙이고
아랫목에 똬리 틀고 있다
남자의 균형 잃은 몸이 바닥으로 향한다
문신은 항상 몸보다 먼저 눕는다
바닥은 남자의 오래된 은신처라는 사실
공공연한 비밀이다
유치한 하트 문양도 '차카게 살자' 는 문신도 아닌,
해를 이고 현장을 종횡무진 누벼대는 사람에게만
새겨지는 문신의 비용은 계산되지 않는다
삶의 애환이 묻어난 문신, 누구도 비용을 청구할 수 없다
문신의 범위가 넓어질수록 남자는 지쳐갈 뿐,
밀린 세금 독촉장을 장판 아래로 자꾸 숨기게 되는
공치는 날이 길어지고 있다
해를 이고 새긴 문신이 희미해지기 전
장마 끝나야 할 텐데
누구는 선탠으로
그을린 피부를 의도적으로 만들고
누구는 생계를 위한 현장 일로
문신 아닌 문신을 만들고,

오늘따라 형광등 불빛에 비친 피부가 유독 반짝인다

밥의 권력

목구멍으로 밥을 넘기는 숭고한 의식
거르지 않아야 한다고 거리의 노인은
오늘도 급식 판 들고 말을 건넨다
목구멍으로 넘기기 전에는
각양각색의 사연과 삶 다양한 색과 맛으로
등급 매겨지는 밥,
먹는 일만큼 싸는 일도 중요하다고
또 다른 노인이 거든다 하긴,
먹고 싸는 일만큼이나
거룩한 자세가 또 어디 있을까?
갓 태어난 아기에게서 볼 수 있는
둥글게 말은 본능과
휘어진 등뼈의 날을 애써 세우려는
노인의 엉거주춤한 자세,
모두 먹고 싸기 위한 기다림의 자세다
서로를 다독이며 정체성 잃어갈 때까지
서로 유효한 시간 기록하며 살아가는
밥의 권력과 자세와
밥의 이해가 하루를 먹어 치운다
급식 판을 들고 기다린다는 것은
삶을 구걸하는 것이 아닌,
경건한 기도를 위한 순서인 것

본질에 입각하여

헛발질 찌라시에 맛 들인
개떡 같은 세상이
통통 튀어 오르자 지리멸렬한
광장의 촛불이 식었다
사라졌다

개떡 맛있게 먹는 방법
개떡 같은 세상에서 먹는 것

타협일랑은 집어치우고
양보일랑은 내던져 버리고
진보와 보수에게 패배
맛보게 하는 것

먹자골목 쓰레기 더미에서
막 부패 시작한 개의 사체를 화장시킨 후
내다 버린 개 주인을 찾아
개떡 맛보게 하는 것

그리하여 공범이 되는 것

세상 물 먹이기

하루 분량의 이스트를 넣고
적당한 타협과 손잡고
시소게임에 들어간다
물 먹일 것은
이미 낙찰되어
머리기사로 실리고
맛보기 기사들은
간지럽게 늘어져 나뒹굴고 있다
세상사 물 먹이는 것쯤은
아주 간단명료한 일
거리마다 신문들
비에 젖어 있다

김포, 그 영원한 노스탤지어를 꿈꾸며

김부회 (시인, 문학평론가)

1. 들어가며

Nostalgia는 향수鄕愁다. 고향을 그리워하는 것 혹은 지나간 시대를 그리워하는 것을 주로 나타내는 말이기도 하다. 누구에게나 가슴 속에 고향이 두 개 있다고 한다. 나고 자란 곳과 주거지로 살 게 된 곳. 복잡하고 다변화된 현대사회 속에서 우리는 어쩔 수 없이 두 개의 고향을 갖고 살 게 된다. 살다 보면 피붙이보다 이웃이 더 가족 같다는 말을 듣거나 하게 된다. 태어난 고향보다 더 많이 살게 된 지금의 고향이 더 고향 같은 생각이 들 때가 많다. 두 개의 고향은 서로 다른 질감을 갖고 있다. 태어난 고향은 영원히 지워지지 않는 그리움의 연속선 상에 존재하며 지친 여름날 그늘과 같은 정신적 휴식을 제공하는 곳으로 남아 있다. 오래 살면서 현실의 고향이 된 곳은 그리움보다는 삶 그 자체라고 볼 수 있을 것이다. 살면서 부대끼면서 같은 하늘 아래 호흡하며 산책하며 때론 다투거나 마음을 나눌 친구들이 존재하는 곳이다. 노스탤지어는 이 모든 감정의 소산이며 감정의 발화점에서 바라보며 살아온 시절과 시간에 대한 그리움을 말하는 지도 모른다. 돌아

갈 곳이 있다는 것은 아름다운 일이며 동시에 안식할 곳이 있다는 말이다. 태어나고 자라온 곳, 어쩌면 본향本鄕이라고 말할 수 있는 곳과 살며 살아온 곳 살아가는 곳, 두 개의 고향을 간직하고 산다는 것은 삶에 대한 경향과 모습이 태생적이며 근본적인 그리움이라는 원초적 감정에 가장 충실하다는 말과 일맥상통한다. 어쩌면 문학이라는 것, 시라는 장르는 그러한 원초적인 감성을 자극하는 가장 기초적인 촉매가 될 수 있을 것이다. 시와 고향은 별개의 현상이 아니다. 시와 고향은 인간 근원에 대한 문제이며 현대시의 근간이 되는 서정의 기본 매뉴얼이라고 말할 수 있을 것이다.

박미림 시인은 어린 시절 고향인 해남에서 상경하여 수도권에서 대학을 졸업하고 성혼 이후 25여년이 훌쩍 넘는 세월을 김포에서 살았다. 두 아이의 어머니로, 가장으로 살면서 향토문학 발전을 위해 혼신의 힘을 기울인 사람이다. 1996년 한국문인협회 김포지부 회원이 되면서 사무차장, 사무국장, 이사, 감사, 부회장, 회장 등을 역임한 김포문인협회의 산 증인이기도 하다. 강산이 몇 번은 변했을 시간 동안 척박한 향토문학의 발전을 위해, 어쩌면 제2의 고향이 된 김포를 위해 청춘 이후의 시간을 보냈고 지금은 김포 문인협회의 고문으로 그녀의 자리를 더욱 공고하게 지키고 있다. 바쁜 와중에도 시집을 다섯 권이나 냈으며 이번에 발행하는 시집이 여섯 번째라는 사실이 더욱 놀라게 한다. 평생 한 권의 시집을 묶는 것도 못 하는 사람이 대부분이다. 여섯 권이라는 시집의 권수가 문제가 아니라 여섯 권 속에 담긴 그녀의 이야기가 사뭇

진지하고 문학적 가치가 높은 작품이 많다는 점이 이번에 발행하는 (애기봉 연가)를 읽어본 필자의 느낌이다. 생은 살아본 사람만이 안다는 말이 있다. 그녀가 시 속에서 추구하는 것의 본질은 이전 1~ 5권의 시집에서 유추할 때 사람과 사람사이, 보다 근원을 파고 들어가면 인간관계의 정情 이라는 것을 알 수 있다. 박미림 시인이 주목하는 것은 사람 사는 이야기이며 그 속에 존재하는 이웃이라는 단어로 통칭될 수밖에 없는 고향 사람들의 이야기라고 하면 정확한 말이 될 것 같다. 현대사회는 아파트라는 주거단위를 기준으로 누가 이웃인지 구별할 수조차 없는 말 없는 시대다. 하지만 그 속에서도 나눠야 할 것은 나누고 채워야 할 것은 채우며 서로 의지해야 할 것은 의지할 줄 안다는 것은 중요한 일이다. 그것이 바로 고향을 고향으로 인식해가면 사는 사람의 바른 자세라는 것 때문이다. 산다는 것은 누구나 하는 일이다. 하지만 바르게 산다는 것은 누구나 하지 못 하는 일이다. 때론 평범하지만 그 속의 나를 대중 밖의 나로 결합시키는 일은 평범을 더욱 소소한 평범으로 만드는 일이며 (이웃)이라는 말의 정의를 깊이 생각해 보게 만드는 일이라는 것을 알게 된다. 살다 보면 알게 된다. 별일 없다는 것이 가장 좋은 일이라는 것을. 무수히 많은 일을 만들면서 분쟁이나 다툼에 얽매여 사는 것이 아닌, 감정을 양보하고 이해하고 감정선의 어느 곳은 날을 세우기도 하며 사는 것이 사람이다. 문제는 그 양보와 이해, 날을 세우는 것은 간격이다. 적정한 지근의 거릴 유지할 줄 아는 혜안이 필요한 것이다. 박미림의 기존 작품을 읽으면 그에 대한 답이 나와 있다. 박미림 시인은 지속적으로 이야기

한다. 평화와 안식을 위한 지근의 거릴 유지하는 방법은 먼저 다가서는 것이라고 한다. 밀어내는 것이 아니라 다가서는 것. 가장 기본적인 생각의 차이가 사람과 사람 사이 관계를 원숙하거나 성숙하게 만든다는 것을 체험과 경험으로 체득한 것을 시로 표현한 것이기에 그녀의 작품이 좀 더 생활에 가깝고 서정에 가깝다는 것을 알게 되는 것이다.

이번에 발간하는 (애기봉 연가)는 기존 시집 1 - 5권에서 추구하던 사람 사는 이야기에서 좀 더 광의적인 관점으로 주제와 소재를 확장했다. 김포가 제2의 고향인 박미림 시인이 김포를 얼마나 사랑하는지에 대한 그녀의 따듯한 시선이 1부 서른 편에 고스란히 담겨 있다. 박미림 시인이 거주를 시작할 즈음의 김포는 지방 외곽의 소도시였다. 사회가 확장하고 위성 도시들이 그 영역을 확장함에 따라 현재는 인구 오십만을 바라보는 중견 도시로 성장하였다. 하지만 많은 사람이 김포를 잘 모른다. 다만, 주거지로서 외곽 위성도시의 베드타운 기능을 갖춘 정도로 알고 있는 것이 대부분이다. 박미림 시인은 이런 외부의 시선을 불식하고자 시인의 제2의 고향인 김포의 명소와 김포가 포용하고 있는 역사, 김포가 표방하고 있는 평화의 도시라는 개념을 그녀의 작품에 접목하였다. 시집 제목 역시 김포시에 소재하고 있는 애기봉을 소재로 (애기봉 연가)라고 명명한 것에서 알 수 있듯 김포에 대한 각별한 사랑과 김포에 사는 사람들의 이야기를 시라는 장르에 묶었다. 이쯤에서 우리가 시를 쓰는 이유에 대해 한 번쯤 생각해 봐야 한다. 여러 이유가 있겠지만 사회성과 목적성 역시 시를 쓰는 중요한 이유라고 볼 수 있을 것이다. 제2의 고향이 된 박미림 시인의 김포가 하는 이야기, 김포에서 살아 숨 쉬는 선인들, 역사적 고증과 가치에 대한 재해석도 중요하지만, 그 모든 것들을 구성하는 김포라는 도시의 알려지지 않은 모습을 반추하고 그것에서 김포를 다시 조망할 기회를 획득하는 것 역시 김포를 이해하는 가장 좋은 방법이며 동시에 박미림 시인의 삶과 도시와 사람에 대한 시선을 공감하는 것 역시 문학과 역사라는 측면에서 볼 때 매우 중요한 일일 것이다. 많은 문학작품들이 개인의 소회와 감상을 시로 승화하는 것이 대부분인 시대, 자신이 거주하고 살아온 도시를 시화한다는 것은 매우 어려운 일이다. 다시 말하자면 박미림 시인이 김포를 얼마나 사랑하고 이해하고 포용하는지, 그 이유가 무엇인지 알게 된다는 말이다. 몇몇 작품을 통해 그녀의 시선을 따라가 보자. 그곳에 내가 있고 우리네 삶의 진정성이 음각되어 있다. 이 가을에 그동안 스치며 지난 김포의 풍경을 내 가슴의 향수 어딘가에 가득 담아보자. 저 앞에 펼쳐진 넓은 평야 넘실거리는 고개 숙인 이삭의 겸손을 배우는 것이다. 그런 시집이다. (애기봉 연가)는.

2. 다초점의 의미

연가라는 말은 사랑하는 사람을 그리워하며 부르는 노래다. 사랑의 대상은 사람일 수도 있고 사람이 아닌 풍경과 사건일 수도 있다. 김포에 소재한 애기봉은 과거 분단의 상징이었다. 애기봉의 전설과 현재의 상태를 다음 백과사전에서 일부 인용해 본다.

민간인 통제구역으로 한국전쟁 당시 남북이 서로 차지하기 위해 치열한 전투를 벌였다는 154고지이다. 신분증을 내고서야 오른 애기봉 정상에서는 북녘땅이 한눈에 바라다보인다. 송학산까지 한눈에 볼 수 있기에 이곳이 왜 민간인 통제구역인지 가늠할 수 있다.

애기봉은 병자호란 때 평양감사와 애첩인 애기(愛妓)와의 슬픈 사랑의 일화가 서린 곳이다. 愛妓峯(애기봉)이란 이름은 병자호란 때 끌려간 평양감사를 산봉우리 꼭대기에서 그리다 죽은 기생 애기의 한이 서려 있다고 해서 붙여졌다. 그리고 1968년 애기봉을 방문한 故 박정희 대통령이 애기의 恨과 가족과 고향을 잃은 실향민의 恨이 같다고 하여 '애기봉'이라는 친필 휘호를 내렸다. 그래서일까? 매년 추석 때면 이곳 망배단에는 가족과 고향을 두고 온 실향민들이 찾아 조상들에게 제를 올리고 통일을 기원한다.

민족의 한과 통일의 염원이 깃든 애기봉은 최근 한강하구의 역사와 문화를 한눈에 볼 수 있는 현장으로 거듭나고 있다. 400km를 흘러 서해바다(염하)를 만난다는 祖江(한강하구의 이름) 조강은 400km를 흘러온 한강 물이 민물의 생을 다하고 늙었다는 의미와 할아버지처럼 편안한 강이라는 의미를 갖고 있다. 실제 애기봉에서 바라보는 조강은 그 설명을 필요로 하지 않을 만큼 편안한 모습이다. 또 북녘땅을 휘돌아 나오는 임진강과 멀리 예성강, 강과 바다를 구분하지 않은 염하강 그 한가운데 외로이 떠서 남북을 넘나드는 새들의 터전이 되고 있는 留島(유도)까지 한강하구의 역사와 문화가 서렸기에 조강물때 맞춰 서울로 오르는 황포돛대 모습이 선하다. 『포털 다음 백과사전』 일부 인용

김포시에서는 최근 분단의 상징이었던 애기봉을 평화의 거점으로 변화시키는 노력의 일환으로 평화생태공원을 준공하고 일반인의 인식개선을 위해 변화를 거듭하고 있다. 박미림 시인의 작품 중 (애기봉 연가)를 살펴본다.

애기봉 연가

세월과 함께 녹슨 분단의 아픔이 서걱거린다

실향민의 마른기침 소리 낮게 드리우는 날이면
이 땅을 흔들어 깨우듯 군화 소리
와르르 쏟아져 내리는 환청이
철책을 사이에 두고 온 산하로 울려 퍼진다

일제히 부는 바람이 깊이를 잴 수 없는
그리움 심어 두고 떠난 자리에
수십 년 동안 피고 진 이름 없는 들꽃만이
남도 아닌 북도 아닌 모습으로
이 땅의 진정한 주인으로 뿌리를 내리고 있다

저 강을 건너
저 산을 넘으면
내 부모 형제, 창호지에 눈물 적시던
그때 그 모습으로 날 반겨주실까
우두커니 서서 서러운 잔영을 기억하는
이산의 아픔에 가슴 메인 이들이
숨 고르기 한 세월 너무도 길고 길구나!

보라! 철새들의 저 자유롭고 평화로운 항해와 날갯짓을

이제는 서서히 서로에게 훈습되어야 한다
평화와 자유를 위해 한 발자국 뒤로 물러선
화해와 용서로 삼천리 금수강산 곳곳에서
비상하는 이 땅의 주인으로
통일 염원하는 두 손 모아 하나 되어야 한다

애기봉에서는 어느새 훈풍이 불어대고 있다

—「애기봉 연가」전문

박미림 시인이 본 애기봉의 모습과 변화는 다만, 구전으로 내려오는 애기와 평안감사의 이야기에 국한되지 않고 (연가)라는 말에 좀 더 초점을 두었다. 그것은 분단이 부르는 평화의 거점에 대한 (연가)로 승화되길 염원하는 또 하나의 시선이다.

수십 년 동안 피고 진 이름 없는 들꽃만이
남도 아닌 북도 아닌 모습으로
이 땅의 진정한 주인으로 뿌리를 내리고 있다

남쪽도 아닌, 북쪽도 아닌 모습은 얼핏 최인훈의 소설 속 회색광장을 떠올리게 한다. 그것이 분단이라는 모습이 가진 분단의 모습이다. 어느 것도 아닌 모호한 정체성에 대한 시인의 탄식은 이 땅의 진정한 주인이라는 말로 분단에 대한 가감 없는 비판을 하고 있다. 그 안타까움을 철새들의 날갯짓에서 빗대 시인의 염원을 말하고 있다.

보라! 철새들의 저 자유롭고 평화로운 항해와 날갯짓을

자유, 평화, 항해, 날개가 표방하고 있는 것은 남이나 북이 아닌 좀 더 자유로운 공간과 거침없이 비상해야 할 민족의 하늘을 꿈꾸는 시인의 가슴이다. 시인은 자연스럽게 애기봉의 풍광을 소개하면서 애기봉이 품고 있는 근본적인 꿈, 평화의 거점으로 변화하는 모습에 대하여 왜곡된 시선이 아닌, 진솔한 시선으로 자신의 말을 하는 것이다. 이 시집의 제목이 (애기봉 연가)인 까닭이다.

시인의 시선은 역사적인 유물과 분단을 넘어 모두가 볼 수 있는 또 다른 장면으로 피사체를 옮긴다. 김포시에서 시행하는 김포 북변 시장 오일장을 이야기한다. 지금은 상설시장이 대부분이라 오일마다 한 번씩 열리는 오일장을 보기 힘들다. 하지만 여전히 김포에는 오일장이 개장하고 있다. 김포 북변 오일장은 그 자체로 명물이며, 삶의 산물이며, 김포에 사는 사람들의 곡진한 삶이 묻어 있는 것이기에 더욱 사랑받고 있는 장날이다.

김포 북변오일장

장이 서는 날이면 북변 유료주차장 주차구역마다 만선을 꿈꾼 어부의 생선이 파킹되고 농민의 노랫가락이 푸성귀와 곡식이 되어 파킹되고 근로자의 땀과 눈물이 사이즈 다양한 신발과 각양각색의 옷이 되어 파킹되고 대출금과 소리 소문 없이 오르는 물가 감당하며 사는 사람들의 술과 음식 먹거리 가득한 주막이 파킹되고 아이들 군것질 어른들 군것질 가득한 부스도 파킹되고 없어서 못 판다는 것 빼고 다 있는 잡동사니 생활용품이 파킹되고 닭이 먼저냐 알이 먼저냐는 세기의 논쟁 주인공과 인간과 가장 친하다는 반려동물이 파킹되고 내 고향 어머니의 손맛을 빌어 만들어진 밑반찬이 파킹되고 붉거나 단단하거나 굵거나 달콤한 과일도 파킹되어 있다 구역마다 운전대와 조수석에 앉은 상인들과 차에 오른 승객들로 만석이다 서울에서, 일산에서, 먼 외지에서 오일장을 찾은 승객들은 서슴없이 정류장마다 오르내리며 흥정을 하고 결재하는 일을 주저하지 않는다 백화점이나 대형마트에서는 느낄 수 없는 운치 있는 풍경과 정이 있고 북적거리는 맛에 파장 시간마저 만석

인 소통의 장, 김포 북변오일장은 오늘도 사람꽃이 풍성하다

–「김포 북변오일장」전문

박미림 시인이 오일장에서 본 것은 백화점이나 대형 마트에서 느낄 수 없는 운치 있는 풍경, 가격을 흥정하거나 덤이 있는 상인들의 정을 보는 것이다. 뭐든 돈을 주거나 받으면 살 수 있는 것이 아닌, 그 이상의 가치를 담고 있는 전통적인 풍물의 모습을 작품에서 그리고 있다. 오일장의 상품들은 다양하다. 고품질의 상품과 토속적인 상품들이 구색을 갖추고 있다. 그런 왁자지껄한 소리와 풍경이 혼재하는 곳, 오일장이라는 곳이 말해주는 풍성한 사람꽃이 의미하는 것은 정情이다. 가치로 환산하거나 교환하거나 하는 것이 아닌, 마음으로 교환하고 환산할 수 있는 근원적인 가치가 존재하는 곳을 작품에 그려냈다.

박미림 시인의 시선은 매우 다양한 초점을 갖고 있다. 특히 김포 풍무동에 소재한 (김포 장릉)을 바라보는 시인의 시선은 역사를 역사의 배후에 존재하는 배경에 선수를 두지 않고 김포 장릉이 가야 할 미래의 방향성에 대해 명징한 답을 제공하고 있는 듯하다. 김포 장릉은 조선 시대 제16대 인조의 부모인 원종(1580~1619)과 인헌 황후(1578~1626)구씨를 모신 능이다. 능은 능이 만들어진 배경은 차치하고 능이 가진 물상의 풍경에 대한 바램을 이야기한다.

김포 장릉
– 인헌왕후의 전언

해 뜨면서 질 때까지 양지바른 곳이라고
아들은 깊은 수면 중인 나를 깨워 이곳으로 이장시켰지
명당 값을 하는지 어머니의 품처럼 따뜻했어
아주 마음에 들어 이승에서의 모든 일 다 잊고
볕 잘 드는 능에서 온갖 자연의 소리
자장가 삼아 넋 놓고 잠들어 있는데
어느 날부터 들리는 괴 동물의 울음소리인지
마른하늘에 천둥 번개 소리인지
알 길 없는 소음 때문에 불면증이 생겼어

이곳으로 이장시킨 아들이 또 다른 명당을 찾아
나를 또 이장시켜 줄 것도 아닌 처지이니
이 또한 자장가 노랫소리려니 하고 사는 수밖에는
익숙해진 소음 그냥저냥 견뎌볼까 해
그래도 소음의 진원지가 궁금해서 두더지에게 물었더니
무슨 큰 비밀인 양 귓속말로
"내가 터줏대감 느티나무 가려운 곳 긁어주고 얻은 정보인데
사람들이 먼 거리를 오고 갈 때 타고 다니는
비행기라는 것이 하늘을 나는 소리래"

한 번도 본 적 없는 비행기 다니는 길이
내 안식이 내려다보이는 하늘길이라니
살짝 억울한 마음이 드는 건

한 번도 타보지 못해서일까?
너무 일찍 태어나 죽은 미련일까?
능 저 아래 어디쯤 보랏빛 꽃창포가 피었나 보다
노란 꽃도 피어 있다고 하는데
오늘같이 눈부셔 오는 날엔 얼마나 더 화사할까?
오가는 사람들이 능 밖에서 나누는 이야기 속에
내가 묻힌 이곳이 유네스코 세계유산으로 등재되었다고
비행기 소음을 피해 귀동냥으로 듣는 날이다

들리니?

―「김포 장릉」전문

김포에 장릉이 있는지, 그 장릉이 유네스코 세계 유산으로 등재되었는지 아는 사람이 많지 않다. 실재 장릉은 그 규모나 장릉에 식재된 숲의 다양함, 깔끔하게 정리된 산책로 등을 볼 때, 우리나라 어느 곳의 능보다 아름답고 수려한 경관이다. 시인은 이런 장릉에 대한 정보를 김포 관내 혹은 김포 이외에 알리고 싶은 것이다. 동시에 스스로 사는 곳에 대한 자부심과 긍지를 느끼고 공감하고 싶은 것이다.

능 저 아래 어디쯤 보랏빛 꽃창포가 피었나 보다
노란 꽃도 피어 있다고 하는데
오늘같이 눈부셔 오는 날엔 얼마나 더 화사할까?

오가는 사람들이 능 밖에서 나누는 이야기 속에
내가 묻힌 이곳이 유네스코 세계유산으로 등재되었다고
비행기 소음을 피해 귀동냥으로 듣는 날이다

들리니?

시인의 말은 결구 한 줄에 다 들어있다. 들리니? 라는 말속에 본 것과 느낀 것과 경험한 것에 대해 말하고 싶고 알리고 싶고 충분히 자랑하고 싶은 것이다. 그것이 바로 향토에 대한 사랑이며 향토에 대한 자부심이며 보다 근본적인 글의 목적성에 대한 강력한 표현이다. 보랏빛 꽃창포의 화사한 색감을 잃고 사는 도시의 사람들과 장릉의 수려한 풍광을 모르고 사는 우리에게 가을의 질감을 건네주고 싶은 시인의 마음이 고스란히 전해진다. 어쩌면 시는 전달인지도 모른다. 내가 본 것, 느낀 것, 내가 알고 있는 소소한 것들을 따듯한 손에 가득 담아 전해줄 때 받는 사람의 가슴을 더 따듯하게 만드는 매개체가 되는지도 모른다. 박미림 시인의 장점이다.

다초점의 다양성을 다시 한번 확인해 볼 수 있는 작품이 있다. 김포에는 용화사라는 절이 있다. 그 용화사 절은 김포에 거주하는 사람들도 잘 모를 정도로 크거나 유명한 절은 아니다. 다만, 그 절에는 스님의 눈동자를 닮은 우물이 있다고 한다. 스님의 눈동자가 어떤 눈동자 인지 눈동자를 닮은 우물은 얼마나 깊은지를 잘 표현한 글이다. 살펴본다.

용화사 주지 스님은요

봄바람 따라나선 길 용화사에 갔었네
앞마당 넓은 구옥을 리모델링한
주지 스님 내실에는 깊은 우물이 있었네
투명한 유리로 만든 우물 뚜껑은
형광등 불빛 아래에서 훤하게 속을
드러내 보였고 아직 살아 숨 쉬는
우물에 내 얼굴을 비추었지만
그 깊이는 알 수가 없었네
모든 것이 아름다운 풍경이 되는 곳에는
스님이 건네준 홍차에서
미니팬지 꽃내음이
진하게 우러나고 있었네
꽃꽂이는 살생이라던 주지 스님
야생화 꽃으로 내실을 가꾸고 계셨네
우물의 깊이는 알 수 없지만
스님의 그 깊은 마음은
스님의 눈동자에 있었네

–「용화사 주지 스님은요」전문

주지 스님 내실에 깊은 우물이 있다고 한다. 불빛 아래 속이 훤하게 보이는 우물, 우물은 살아 숨 쉬고 있었고 우물에 비친 내 얼굴은 깊이 모를 우물 속에서 방향성을 상실한 채

무언가를 응시하고 있었다. 어쩌면 그 자체로 모든 것이 아름다운 풍경이 되는 용화사와 우물, 말갛게 우려낸 차 한잔을 건네는 주지 스님의 손길, 꽃꽂이는 살생이라며 설파하는 스님의 노안에서 우물을 발견하고, 우물 속에서 다시 스님의 눈을 발견하고, 그 곁에 잠시 머문 내 얼굴을 발견하고, 그 모든 인연의 인과관계는 상생과 화합과 어울림과 조화라는 것으로 윤회하고 있었다. 중요한 것은 평범하지 않은 그 무엇이 아니라 평범한 그 무엇들이다. 늘 곁에 존재하기에 존재조차 모르고 사는 우리들, 하지만 어떤 날 불쑥 존재가 느껴지고 느껴진 존재 속에서 나를 발견하는 것은 대단히 중요한 일이다. 산소포화도가 떨어지면 산소의 중요성을 새삼 알게 되는 것과 같은 이치다. 용화사가 그곳에 있었고, 그곳에 우물이 있었고, 우물에 내가 있었다는 것은 우연이 아닌, 필연의 결과물이다. 다만 우리가 우연으로 생각하고 살았을 뿐. 박미림 시인이 말하고 싶은 것이 바로 그 점이다. 유명하고 좋은 것도 좋지만 그 반면, 소소하고 일상적인 것들도 포용하고 살아가는 풍경들. 그 풍경들이 정작 김포라는 도시를 끌어가는 힘이라는 것을 말하고 싶은 것이다. 김포를 사랑하는 것은 세금을 더 내는 것이 아니다. 도로를 재포장하는 것도 아니다. 녹지에 아파트를 건설하여 많은 유입인구를 자랑하는 것도 아니다. 인구 백만의 도시, 천만의 도시가 중요한 것이 아니라 소소하고 작은 행복을 구성할 수 있는, 그 행복을 행복으로 품을 수 있는 여유를 말하고 싶은 것인지도 모른다. 박미림 시집 (애기봉 연가)에서 연가는 사랑하는 사람을 대상으로 부르는 노래다. 그 사랑의 대상이 김포라는 도시라면 너무 확장적 사고일까? 적어도 시인이 말하는 연가의 조건과 대상은 좀 더 광의적이며 좀 더 창조적이며 좀 더 평화적인 도시, 김포에 대한 연가라고 필자는 생각하고 싶다.

3. 2부의 이야기들

1부가 김포에 대한 이야기와 소개, 향토에 산재한 풍경에 대한 이야기라면 2부에 소개된 작품들은 시인 일상의 이야기에 대한 것들이 주를 이룬다. 서론에서 언급한 이웃이라는 말과 가족이라는 말, 관계라는 말에서 비롯되는 연상의 이야기들 속에서 박미림 시인이 바라보는 세상의 깊이와 그 근원의 가치에 대해 좀 더 심도 있는 공감의 영역을 얻는다면 시집 한 권에서 너무 얻어가는 것이 많다는 생각이 든다. 소소한 일상이라는 말이 있다. 별반 중요하지 않거나, 매일이 매일스러운 일상을 소소한 일상이라고 한다. 그 소소한 일상의 어느 지점에 시가 있으며 시적 질감이 농후하게 배어있는지 알면 시를 이해하거나 시인을 이해하는데 큰 도움이 된다. 시가 되는 지점이라는 말을 자주 하게 된다. 모든 일상이 시가 되는 지점이라는 것에 반론은 없다. 다만, 어떻게 무엇을 시라는 장르의 핵심으로 승화 할 수 있는가에 대한 문제는 엄격하게 말하면 시인의 능력이다. 발화점과 개화점을 정확하게 포착하고 그 과정에 나만의 알레고리를 접합하면 좋은 작품이 될 소지가 다분하다. 좋은 작품의 기준은 글솜씨가 아닌, 세상을 보는 눈, 세상을 바라보는 관점이 기준이다. 말 잘하는 사람의 입이 아닌, 따듯한 사람의 손길이라고 표현하면 정확할 것이다. 시집 속 작품 한 편을 소개한다.

장미꽃 엄마 팬티

빨래 바구니 안에 빨간 장미꽃잎처럼 접힌 엄마 팬티가 보인다 통풍 잘 되는 넉넉한 사이즈 팬티가 필요하다 해서 작년 이맘때 부식거리와 함께 보내드린 몇 장의 꽃 팬티 중 하나다 나는 생전 처음 엄마 팬티를 조물조물 빨고 있다 장미꽃 수놓아진 팬티에서는 엄마가 좋아하는 장미 향이 났다 빨랫줄에 덩굴장미가 흐드러지게 피었다

—「장미꽃 엄마 팬티」전문

시인이 어머니에게 선물한 팬티 중에 장미꽃 팬티가 있었다. 어쩌다 보니 세탁을 하다 우연히 발견하게 된 엄마의 장미꽃 팬티, 장미가 수놓아진 팬티에서는 장미 향이 났다. 그리고 빨랫줄에는 덩굴장미가 흐르러지게 피었다는 것이 전부다. 해설하고 말 것도 없다. 하지만 이 작품을 2부 작품 중 가장 먼저 소개하는 이유가 있다. 장미꽃이 수놓아진 팬티의 장미 향과 빨랫줄에 흐드러지게 핀 덩굴장미다. 누군가 어머니

라는 제목으로 시를 쓴다면 본문에 쉼표 하나만 쓰겠다는 말을 우스갯소리로 한 적이 있다. 어머니라는 제목의 시는 본문에 아무 말이 없어도 시가 된다. 말이 많아야 시가 되는 것은 아니다. 비유와 은유 함축이 많아야 시가 되는 것도 아니다. 화려한 수사의 향연이 시가 되는 것도 아니다. 주목할 것은 마음이다. 곡진하고 진중하고 진실한 마음. 어머니에 대한 그리움은 창피하거나 부끄러운 것이 아니다. 팬티라는 단어가 부끄러운가/ 장미 향이 나는 팬티가 부끄러운가? 아니다. 그 모든 행위가 담보할 수 있는 자식의 마음이 아름다운 것이다. 시를 쓰다 보면 종종 느끼는 것이 보여주기 위한 작품들이다. 나는 지식이 많아. 나는 지혜로와, 나는 이 정도 되는 시를 쓰지. 다 웃기는 말이다. 쓰고 나서 자신도 보기 싫은 시, 인위라는 조미료로 가득한 시는 읽기도 전에 던져버린다. 최소한 시라는 장르는 영혼이 있어야 하며 언술이 아닌 언어가 있어야 한다. 언어는 생각이고 마음이다. 장미꽃 엄마 팬티는 언어다. 시인의 언어다. 우리가 지금 읽고 있는 것은 시인이 진솔하게 전달해주는 언어의 향기다. 박미림의 시집에서 장미꽃향이 가득 넘치는 이유다.

두 번째로 소개할 작품은 가면의 가면이라는 작품이다. 시인은 지속해서 풍경을 보면서 자신의 내면 속 풍경에도 관심을 두고 바라보고 있다. 자신을 바라보는 관점은 때론 비관적이거나 때론 구차한 변명에 머물 때가 많다. 하지만 그조차도 변명하지 않으면 누가 나를 사랑할 것인가 하는 의문이 들 때가 많이 있다. 변명이라도 좋다. 자신에게 자신을 보여주는 일, 쉼 없이 보여주는 일에 부지런하다 보면 민낯에 익숙해질 때가 있다. 그 민낯이 가장 아름다운 모습이라는 것을 자각할 때, 그때가 우리가 가장 우리를 사랑하는 일에 익숙해질 때다.

가면의 가면

안녕!

오늘은 화장이 잘 되었는지 거울을 보지 않기로 해
창에 비치는 나를 응시하는 멍때리는 일도 하지 않기로 해
핸드폰 액정 화면을 들여다보는 어설픈 시간 낭비하지 않기로 해
잠이 오지 않는 이유는 나이 탓이라고 변명하지 않기로 해
원형탈모 감출 부분 가발 사이트 검색 않기로 해
조금 먹는데 살이 찌는 이유는 나잇살 때문이라고 변명하지 않기로 해
못생긴 손톱 네일 아트로 감추지 않기로 해
짝퉁 명품 가방 들고 출근하지 않기로 해
153cm 키 156cm로 보이기 위해 굽 있는 신발 신지 않기로 해
울퉁불퉁 몸매 감추기 위해 보정 속옷 입지 않기로 해
가면의 가면이 더 뻔뻔해지기 전에

—「가면의 가면」전문

사람이 진솔해지기 위해서는 많은 시간이 필요하다. 그 말은 반대로 생각하면 대부분의 시간은 진솔과는 거리가 먼 위선을 하며 사는 지도 모른다는 말이다. 특히 여자라면 더하다. 외모가 삶의 99%라고 생각하며 사는 사람들은 더 더하다. 하지만 어느 순간 자신이 자신을 사랑하는 가장 큰 조건이 거울을 보지 않는 것, 네일아트로 손톱 가리지 않는 것, 굽 높은 신발에서 멀어지는 것이라는 생각이 들 때가 있다. 그것은 나이가 들었다는 말이 아니다. 철이 들었다는 말이다. 보여지는 것, 보이는 것의 객관이 아니라 보일 수 있는 것, 보여줘야 하는 것이라는 주관이 우세하게 될 때 우리는 좀 더 사람에 가까운 형상이 되는 것은 아닌지? 물론 보여지는 것도 대단히 중요하다. 첫인상이 모든 것을 좌지우지하는 경우도 많다. 하지만 그것 때문에 정작 보여줘야 할 것, 볼 것을 보지 못하는 것이 문제다. 시의 본문에서처럼 가면의 가면이 더 뻔뻔해지기 전에 민낯의 나를 내게 보이고 인정받는 것이 더 중요한 것이라는 것을 알면 좋겠다. 감추는 것이 아니라 좀 더 꾸미는 것이라고 위로하자. 위로받기 위해서는 진심의 나를 먼저 내가 인정해야 한다는 것을 박미림 시인이 말하고 있다.

4. 맺으며

박미림 시인의 여섯 번째 시집 (애기봉 연가) 1, 2부를 읽었다. 1부에서는 김포와 관련된, 부속된 풍경과 사물과 역사와 사람 사는 이야기에 대한 작품들로 구성된 요즘 시집에서 쉽게 보기 힘든 대중성과 사회성 목적성을 가진 작품들이었다. 작품을 읽다 보면 박미림 시인과 같이 오랫동안 김포에 산 것 같은 느낌이 들고 김포에 서린 역사의 현장들 속에서 일종의 습습한 아픔을 공유하기도 한 것 같다. 그러면서도 시인이 가진 향토애와 향토문학에 대한 열정의 깊이가 새삼 느껴진다는 것이 어쩌면 (애기봉 연가)만이 가진 매력이라는 생각도 들었다. 2부에서는 박미림 시인이 가진 인간적인 고민과 애증 혹은 사랑 혹은 관계라는 것에서 비롯되는 일상에 대한 진솔한 이야기를 들었다. 한 사람의 생애가 시 한 편 혹은 시집 한 권에 모두 담길 수는 없다. 다만, 그녀가 어떻게 무슨 생각으로 사는지에 대한 것은 얼추 짐작이 간다. 때론 우린 실수도 하고, 때론 우린 힐링도 하고, 때론 우린 스스로 도취하여 살기도 한다. 하지만 그 모든 것이 삶이라는 섭리 속에서 빚어지는 우연과 필연의 연속 선상에 있다는 것을 알게 될 때 가끔은 무기력해진다. 그럴 때 박미림 시인의 (애기봉 연가)를 펼쳐 그 이야기에 몰입하다 보면 내 삶이 반드시 정답은 아니라는 정답이 나올지도 모른다. 우린 그렇게 지나온 것들을 반성해 가며 사는 것인지도 모른다. 그래서 살아 볼 만하다는 것이 삶이다. 마지막으로 박미림 시인의 작품 한 편을 소개하며 맺는다.

반성

내 아이들의 엄마인 것을 반성하고
내 부모의 딸인 것을 반성하고
주변인들 가슴을 아프게 한 그 어느 날
죄지음을 반성하고
사랑할 이유가 또 있음에 반성하고
그 사랑 때문에 지금 누군가가
가슴 부여잡고 있음에 반성하고
아직 잠들지 못한 내 영혼이
깨어 있음을 반성하고
반성해야 할 것이 너무 많음에 반성하고
여전히 가난한 내 살림살이를 배곯게 하는
나의 무능력을 반성하며 기도한다
두 번 다시는 같은 반성 하지 않게,
나의 반성은 이쯤에서 배곯게 해달라고

—「반성」전문

김부회 시인, 문학평론가 중봉 문학상 대상, 문학세계 문학상 평론부문 대상, (월)모던 포엠 문학상 평론부문 대상. 김포신문 (김부회의 시가 있는 아침) 연재 중, (계) 가온문학 창작지원금 수혜, (계)문에 바다 편집 주간

시현실 시인선 012

애기봉 연가

초판 1쇄 발행 | 2021년 10월 10일

지은이 | 박미림
발행인 | 원탁희
발행처 | 도서출판 예맥
등록번호 | 서울 바 02915
등록일 | 1999년 5월 21일

주소 07581 서울특별시 강서구 강서로 68길 36 상가 206호
전화 02·2658·6465
E-mail ymbook@naver.com

10,000원
ISBN 978-89-91411-60-9 03810

이 시집은 (재)김포문화재단 2021 김포예술활동지원사업 〈예술아람〉에서 지원받아 발간되었습니다.